HOMESICK FOR THE EARTH

Jules Supervielle was born in Montevideo, to French Basque parents, and orphaned less than a year later during a family visit to France. Raised first by his grandmother in France, he was taken back to Uruguay by his uncle and aunt, moving with them to Paris in 1894, where he had most of his education. He married in 1907 in Montevideo, and had six children with his wife Pilar. Conscripted to serve in the First World War, he spent the Second World War exiled in Uruguay, afflicted by ill health and financial ruin brought about by the demise of the family bank.

Between 1922 and the outbreak of war he published two books of poetry, *Débarcadères* and *Gravitations*, a novel and a collection of short stories. His postwar output included the poetry collections *Naissances* and *Le Corps tragique* as well as plays and mythological tales. He met Rilke in 1925, and his close friends in the literary world included Henri Michaux and Jean Paulhan.

Moniza Alvi was born in Pakistan and grew up in Hertfordshire. After working for many years as a secondary school teacher in London, she is now a freelance writer and tutor, and lives in Wymondham, Norfolk. Her first two collections were published by Oxford University Press, *The Country at My Shoulder* (1993), which was shortlisted for the T.S. Eliot and Whitbread poetry prizes, and *A Bowl of Warm Air* (1996). Her later poetry titles have all been published by Bloodaxe: *Carrying My Wife* (2000), a Poetry Book Society Recommendation; *Souls* (2002); *How the Stone Found Its Voice* (2005); *Split World: Poems 1990-2005* (2008), which draws on all her previous books; and *Europa* (2008), a Poetry Book Society Choice which was shortlisted for the T.S. Eliot Prize. She received a Cholmondeley Award in 2002. *Homesick for the Earth*, her versions of the French poet Jules Supervielle, was published by Bloodaxe Books in 2011.

HOMESICK
FOR THE EARTH

poems by
JULES SUPERVIELLE

versions by
MONIZA ALVI

BLOODAXE BOOKS

ISBN: 978 1 85224 920 5

First published 2011 by
Bloodaxe Books Ltd,
Highgreen,
Tarset,
Northumberland NE48 1RP.

www.bloodaxebooks.com
For further information about Bloodaxe titles
please visit our website or write to
the above address for a catalogue.

Supported by
**ARTS COUNCIL
ENGLAND**

Cover design: Neil Astley & Pamela Robertson-Pearce.

Printed in Great Britain by
Bell & Bain Limited, Glasgow, Scotland.

ACKNOWLEDGEMENTS

Some poems from *Homesick for the Earth* were included in my books *Split World Poems 1990-1995* (Bloodaxe Books, 2008) and *Europa* (Bloodaxe Books, 2008), sometimes in earlier versions.

Thanks to the editors of the following publications in which some of these poems first appeared, sometimes in earlier versions: *The Guardian*, *The London Magazine*, *Poetry* (Chicago), *Poetry London*, *PN Review*, *Salt Magazine* (online), *Soundings* and *The Warwick Review*.

I would like to thank all those who gave assistance and encouragement with these poems, particularly Susan Wicks whose contribution has been invaluable.

Thank you also to Marianne Singh who introduced me to the poems of Supervielle in 1973, to Jackie Wills for *The Shell and the Ear*, a pamphlet of poems by Jules Supervielle with translations by Marjorie Boulton (Lotus, 1951), and to Sunita Singh Boissonnas.

Acknowledgement to *Selected Poems and Reflections on the Art of Poetry* by Jules Supervielle, translated by George Bogin (SUN Press, New York 1985). These more literal translations of many of the poems were very helpful. I have used French originals from this edition and from *Jules Supervielle: Œuvre Poétiques Complètes* (Éditions Gallimard 1996).

Many thanks to Neil Astley of Bloodaxe Books for his support of this project.

My version 'The Portrait' is dedicated to Rebecca Farmer.

TABLE

CONTENTS

INTRODUCTION

In 1973 I was given, by a Swiss friend of my family, a small, bright, square book, an introduction to a French poet, Jules Supervielle. This was at the end of a three-month stay in Geneva during what would now be called a gap year. She thought that I might like the poems because they were so fresh and vivid. *Jules Supervielle* by Claude Roi (Édition Seghers, 1970) was an enticing book, including commentary, and photographs of the poet with his contemplative, kindly face, as well as a selection of the poems. It wasn't, though, until much more recently, almost ten years ago, that, browsing in a bookshop, I came across George Bogin's English translations. They helped bring the poems to life for me, sending me back to the originals. I was entranced, and felt compelled to try and make some versions of my own which would be, I envisaged, less entirely literal.

It was the first time that I had been drawn to translating. I felt an affinity with Supervielle. There were coincidental parallels with his life such as his birth elsewhere on another continent. I was captivated by his style of writing, the surface clarity, the gently fantastical. He insisted that he didn't write for mystery specialists. Indeed, where the poems are dreamlike they are always marked by the exactitude of dreams. The writing often borders on the surreal without actually being so. Supervielle's approach is, perhaps, more meditative than that of 'a surrealist', and more natural-seeming, keener to be 'understood'. No doubt his Basque descent, as well as his time spent in Uruguay, during his childhood and later in exile in the Second World War, influenced his writing greatly. The sweep of the Atlantic Ocean, the towering Andes and the South American skies are a vital presence in the poems. As much as he is intro-spective, he is outward looking and humane. He can speak in the voice of a less than omnipotent God (as in 'La goutte de pluie'/ 'The Raindrop'), and is able to commune with the natural world. There's a strain of melancholy in his work, as might be expected from a poet orphaned as an infant. Supervielle had heart problems all his life (the heart-beat is a definite presence in his work) and he endured financial ruin. The poems, however, as much as with sadness and precariousness, are imbued with a love of the Earth and of humankind.

Supervielle expresses his preference for the simple word, and this is a preference that I share in my own poems. He wrote in his elucidating 'En songeant à un art poètique'/ 'Towards an art of poetry' (1951) that, despite marvellous examples of some poets who transform words into precious objects, he strives to write without thinking of the words. Strives, because such apparent artlessness, he stresses, takes hard work. In one respect his poetry seemed to lend itself to translation – the images are so striking, so quietly extraordinary. I soon found, though, that the task was a hard one. There was, of course, the difficult question of the music, the particular music of the French language, as well as the diverse verse forms used by Supervielle. One only has to consider the French 'cheval' as compared to the English word 'horse' in 'Mouvement'/'Movement' to realise the untranslatability of the music. Clearly I would have to produce poems which, despite being very different-sounding, would have a music of their own. In poems where Supervielle employs full rhymes, I didn't set out to do this, but I was grateful if, as for instance in 'The Trees Outside My Window' ('S'il n'était pas d'arbres à ma fenêtre') a rhyme or, more likely, a half-rhyme came unbidden.

My aim has been to retain as far as I can something of the spirit of the original poem, and as many of the implications as I can, but in the process making a poem that has a life in English. Many of the versions have taken years to complete, in that, dissatisfied, I've returned to them periodically over a stretch of time. In the case of 'Prophecy', for example, it took three or four years to make a poem that sounded close to Supervielle yet natural, and to retain music without the use of end rhymes. The third verse was a challenge to translate, and the last few lines also proved particularly difficult. Eventually I substituted the idea of the three girls as ghosts for 'à l'état de vapeur'. When God speaks, in the last verse, I made a change to reported speech from the direct speech of the French, which in English gives a more resonant ending. With these two decisions the 'new' poem became viable.

Sometimes I've needed to add more words to the French to achieve a more fluent musicality in English. Sometimes it seemed appropriate to change the layout of the poem, to attempt to compensate, perhaps, for something of the music or grace of the poem that had been lost in translation. I hadn't thought at the outset, almost ten years ago, that I would ever produce more than half a dozen poems 'after Supervielle'. I owe a real debt to Susan Wicks who, throughout, has encouraged and reassured me when I felt the whole endeavour an impertinence. Without her assistance this collection wouldn't have been possible. She was very helpful in giving me the confidence to keep idiosyncrasies of the original, not to feel I had to smooth them over in my desire to make the poems viable in English.

As time went on more of Supervielle's poems seemed to become possibilities for translation, I felt I knew *him* better, and I felt less need to make the poems sound like 'my own' poems. I would, however, call the results 'versions' in that, partly, I have made them my own, and I know that in the hands of another translator a rather different Supervielle might emerge. As well as the toughness of the task, there was also the pleasure, the delight in feeling a kind of closeness to a great French poet, and it has been a humbling experience to allow myself to be open to the power and individuality of his voice. These versions are hybrid poems with, I hope a great deal of him, as well as some of me. The inclusion of the French originals means that readers will have more insight into the decisions I have made, and, perhaps, into my reasons for making them.

Part of the impetus for what became a project was that this major French poet deserves to be so much better known in this country. Probably only David Gascoyne's wonderfully rich and sonorous translation of 'La Pluie et les Tyrans', 'Rain and the Tyrants', which I first read in Faber's *99 Poems in Translation* (published in 1994, edited by Harold Pinter,

Anthony Astbury and Geoffrey Godbert) is a widely known Supervielle poem in English. But T.S. Eliot considered him one of the two poets of his generation (the other being Saint-John Perse) whose work was most likely to stand the test of time. Rilke, in his first letter to Supervielle in 1925, called him 'a great builder of bridges in space', and knew after reading the poem 'Le portrait' that he wanted to read everything the poet had written and would write. Abundant in imagination and feeling, Supervielle was adept at capturing the scarcely expressible, as he did in the haunting words from 'Le Relais' ('The Inn') which are inscribed on the poet's gravestone at Oloron-Sainte-Marie: *Ce doit être ici le relais où l'âme change de chevaux* ('This must be the inn where the soul changes horses').

MONIZA ALVI

LE REGRET DE LA TERRE

HOMESICK FOR THE EARTH

Prophétie

(à Jean Cassou)

Un jour la Terre ne sera
Qu'un aveugle espace qui tourne,
Confondant la nuit et le jour.
Sous le ciel immense des Andes
Elle n'aura plus de montagnes,
Même pas un petit ravin.

De toutes les maisons du monde
Ne durera plus qu'un balcon
Et de l'humaine mappemonde
Une tristesse sans plafond.
De feu l'Océan Atlantique
Un petit goût salé dans l'air,
Un poisson volant et magique
Qui ne saura rien de la mer.

D'un coupé de mil-neuf-cent-cinq
(Les quatre roues et nul chemin!)
Trois jeunes filles de l'époque
Restées à l'état de vapeur
Regarderont par la portière
Pensant que Paris n'est pas loin
Et ne sentiront que l'odeur
Du ciel qui vous prend à la gorge.

À la place de la forêt
Un chant d'oiseau s'élèvera
Que nul ne pourra situer,
Ni préférer, ni même entendre,
Sauf Dieu qui, lui, l'écoutera
Disant: «C'est un chardonneret.»

Prophecy

(for Jean Cassou)

One day the Earth will be
just a blind space turning,
night confused with day.
Under the vast Andean sky
there'll be no more mountains,
not a rock or ravine.

Only one balcony will remain
of all the world's buildings
and of the human mappa mundi,
limitless sorrow.
In place of the Atlantic Ocean,
a little saltiness in the air
and a fish, flying and magical
with no knowledge of the sea.

Picture a car of the 1900s
(no road for its wheels)
and three girls of that time
travelling through the fog.
They'll peer through the door
thinking they're nearing Paris
when the odour of the sky
grips them by the throat.

Instead of a forest
there'll be one bird singing,
which nobody will ever place
or prefer, or even hear.
Except for God, who listening out,
proclaims it a goldfinch.

Le Chien

« Je suis un chien errant
Et je n'en sais pas plus,
Mais voilà cette voix
Qui me tombe dessus,
Une voix de poète
Qui voulut me choisir
Pour me faire un peu fête
Moi qui ne puis rien dire,
Et qui n'ai qu'un aboi
Pour un peu m'éclaircir
Les brumes et la voix.
Je ne veux pas sortir
De mon obscurité,
Je ne veux rien savoir
D'une tête habitée
Par des mots descendus
De quelque hors-venu.
Je suis un chien errant
N'en demandez pas plus. »

The Dog

I'm a stray, a wandering dog –
that's all I know.
Except when a poet's voice
falls on me from above,
and singles me out
for a special treat.

I've no speech of my own,
only a bark
to clear my throat,
light my way through the fog.

I have no wish to be freed
from my darkness –
want nothing to do with
a head full of words
dropped on me by a stranger.

I'm a stray, a wandering dog.
Ask nothing more of me.

Montévidéo

Je naissais, et par la fenêtre
Passait une fraîche calèche.

Le cocher réveillait l'aurore
D'un petit coup de fouet sonore.

Flottait un archipel nocturne
Encore sur le jour liquide.

Les murs s'éveillaient et le sable
Qui dort écrasé dans les murs.

Un peu de mon âme glissait
Sur un rail bleu, à contre-ciel,

Et un autre peu se mêlant
À un bout de papier volant

Puis, trébuchant sur une pierre,
Gardait sa ferveur prisonnière.

Le matin comptait ses oiseaux
Et jamais il ne se trompait.

Le parfum de l'eucalyptus
Se fiait à l'air étendu.

Dans l'Uruguay sur l'Atlantique,
L'air était si liant, facile,
Que les couleurs de l'horizon
S'approchaient pour voir les maisons.

C'était moi qui naissais jusqu'au fond sourd des bois
Où tardent à venir les pousses
Et jusque sous la mer où l'algue se retrousse
Pour faire croire au vent qu'il peut descendre là.

Montevideo

I was being born and a brand new carriage
passed by our window.

The coachman woke up the dawn
with a little whipcrack.

An archipelago of night
still floated on the liquid day.

Walls were awakening, along with the sand
that slept, pressed inside them.

Against the sky, a piece of my soul
glided out on a blue rail,

and another piece attached itself
to a flying scrap of paper

which stumbled against a stone,
all its eagerness trapped.

The morning was counting its birds –
never losing count.

Eucalyptus scent
entrusted itself to the expansive air.

In Uruguay on the Atlantic
the air was so sociable, so easy –
the colours at the horizon
pressed closer to view the houses.

It was me being born in the muffled heart of woods
where the green shoots push through slowly,
born beneath the sea where the seaweed curls upwards
convincing the wind it can blow down there.

La Terre allait, toujours recommençant sa ronde,
Reconnaissant les siens avec son atmosphère,
Et palpant sur la vague ou l'eau douce profonde
La tête des nageurs et les pieds des plongeurs.

The Earth was forever moving on its rounds
identifying its own with its atmosphere,
sensing on a wave or in its softest, deepest waters
swimmers' heads, the feet of divers.

Le portrait

Mère, je sais très mal comme l'on cherche les morts,
Je m'égare dans mon âme, ses visages escarpés,
Ses ronces et ses regards.
Aide-moi à revenir
De mes horizons qu'aspirent des lèvres vertigineuses,
Aide-moi à être immobile,
Tant des gestes nous séparent, tant de lévriers cruels!
Que je penche sur la source où se forme ton silence
Dans un reflet de feuillage que ton âme fait trembler.
Ah! sur ta photographie
Je ne puis pas même voir de quel côté souffle ton regard.
Nous nous en allons pourtant, ton portrait avec moi-même,
Si condamnés l'un à l'autre
Que notre pas est semblable
Dans ce pays clandestin
Où nul ne passe que nous.
Nous montons bizarrement les côtes et les montagnes
Et jouons dans les descentes comme des blessés sans mains.
Un cierge coule chaque nuit, gicle à la face de l'aurore,
L'aurore qui tous les jours sort des draps lourds de la mort,
À demi asphyxiée,
Tardant à se reconnaître.

Je te parle durement, ma mère,
Je parle durement aux morts parce qu'il faut leur parler dur,
Pour dominer le silence assourdissant
Qui voudrait nous séparer, nous les morts et les vivants.
J'ai de toi quelques bijoux comme des fragments de l'hiver
Qui descendent les rivières.
Ce bracelet fut de toi qui brille en la nuit d'un coffre
En cette nuit écrasée ou le croissant de la lune
Tente en vain de se lever
Et recommence toujours, prisonnier de l'impossible.

The Portrait

Mother, I'm useless at looking for the dead,
losing my way in my soul, with its steep faces,
its brambles and stares. Help me
to return from the distances I breathe in
so dizzyingly. Help me to be still.
So many gestures separate us,
so many cruel greyhounds.
Let me lean into the spring
where your soundlessness gathers
in the reflections you set quivering.

Ah, in your photograph
I can't even tell which way your glance is blowing.
But we set out, your portrait and I,
sentenced to each other,
our footsteps so similar
in this clandestine country.
How strangely we climb the hills, the mountains,
coming down without hands, like the wounded.
Every night a church candle burns down,
sputters in the face of the dawn.
A dawn that emerges each day
half-suffocated, hardly recognising itself.

I speak harshly to you, Mother,
to penetrate the deafening silence
that separates the dead from the living.
I have some jewels you left me,
like pieces of winter, swept downriver.
Your bracelet shines in the night of a drawer.
In the crushed darkness
a crescent moon attempts to rise, falls,
and, impossibly, hopelessly
begins again.

J'ai été toi si fortement, moi qui le suis si faiblement,
Et si rivés tous les deux que nous eussions dû mourir ensemble,
Comme deux matelots mi-noyés, s'empêchant l'un l'autre de nager,
Se donnant des coups de pied dans les profondeurs de l'Atlantique
Où commencent les poissons aveugles
Et les horizons verticaux.

Parce que tu as été moi
Je puis regarder un jardin sans penser à autre chose,
Choisir parmi mes regards,
M'en aller à ma rencontre.
Peut-être reste-t-il encore
Un ongle de tes mains parmi les ongles de mes mains,
Un de tes cils mêlé aux miens;
Un de tes battements s'egare-t-il parmi les battements de mon coeur,
Je le reconnais entre tous
Et je sais le retenir.

Mais ton coeur bat-il encore? Tu n'as plus besoin de coeur,
Tu vis séparée de toi comme si tu étais ta propre soeur,
Ma morte de vingt-huit ans,
Me regardant de trois-quarts,
Avec l'âme en équilibre et pleine de retenue.
Tu portes la même robe que rien n'usera plus,
Elle est entrée dans l'éternité avec beaucoup de douceur
Et change parfois de couleur, mais je suis seul à savoir.

Anges de marbre, lions de bronze, et fleurs de pierre,
C'est ici que rien ne respire.
Et voici à mon poignet
Les pouls minéral des morts,
Celui-là que l'on entend si l'on approche le corps
Des strates du cimetière.

I was once so completely, but am now so feebly a part of you.
Mother and child, riveted together.
Surely we should have died together,
clutching each other like two drowning sailors
stopping each other from swimming,
kicking out in the depths of the Atlantic
with its blind fish, its vertical horizons.

Because I have been you,
and you have been me,
I can concentrate on a garden,
choose different expressions,
go off to discover myself.
Perhaps a fingernail from your hand
lives on in my hand,
one of your eyelashes has been planted
with mine,
one of your heartbeats has strayed into my heart
and I can distinguish it from all the others,
know how to keep it safe.

But is your heart still beating?
You don't need it any longer,
living apart from yourself
as if you were your own sister.
My twenty-eight year old mother
looking out at me from her three-quarter portrait
with her reticent, well-balanced soul,
wearing the dress that will never wear out.
It has entered eternity with so much sweetness,
changes colour occasionally,
though I'm the only one to know.

Marble angels. Bronze lions. Stone flowers.
Here nothing breathes,
and here in my wrist
beats the mineral pulse of the dead.
It can be heard in the layered cemetery,
the body drawing near.

Haute mer

Parmi les oiseaux et les lunes
Qui hantent le dessous des mers
Et qu'on devine à la surface
Aux folles phases de l'écume,

Parmi l'aveugle témoignage
Et les sillages sous-marins
De mille poissons sans visage
Qui cachent en eux leur chemin,

Le noyé cherché la chanson
Ou s'était formé son jeune âge,
Écoute en vain les coquillages
Et les fait choir au sombre fond.

High Seas

Among the moons and birds
which haunt the sea's depth
and can be glimpsed on the surface
in mad phases of the foam,

among the blind testimonies
and the underwater trails
of a thousand faceless fish,
their route locked inside them,

the drowned man seeks the song
that shaped him long ago –
clasps seashells to his ear,
lets them sink to the ocean floor.

Les mains photographiées

On les faisait pénétrer au monde des surfaces lisses,
Où même des montagnes rocheuses sont douces, faciles au toucher,
Et tiennent dans le creux de la main.
On les traitait comme un visage pour la première fois de leur vie,
Et sous les feux des projecteurs
Elles se sentirent un front vague
Et les symptômes premiers d'une naissante physionomie.
De très loin venait la mémoire aborder ces rivages vierges
Avec le calme d'une houle qui mit longtemps à se former.
Les connaissances du cerveau parvenaient enfin jusqu'au pouce.
Le pouce légèrement acquiesçait dans son domaine,
Et pendant que dura la pose
Les mains donnèrent leur nom au soleil, à la belle journée.
Elles appelèrent « tremblement » cette légère hésitation
Qui leur venait du coeur humain, à l'autre bout des veines chaudes,
Elles comprirent que la vie est chose passante et fragile.
Puis, les projecteurs s'éloignant,
Elles ne connurent plus rien de ce qu'elles avaient deviné
Durant ce court entretien avec des forces lumineuses.
Le moment était arrivé où l'on ne pouvait même plus,
Les appeler oublieuses.

The Photographed Hands

They were being made to enter a world of smooth surfaces
where the craggiest mountains are gentle to touch
and can be held in the hollow of a hand.
They were being treated like a face
for the first time in their lives –
under the floodlights
they sensed they had a kind of forehead,
and the signs of features being born.
Memory was moving towards this new territory
like a great wave calmly gathering itself.
The consciousness of the brain
reached down to the thumb –
and the thumb surrendered lightly.
And while the exposure lasted, the hands
gave a name to the sun, to the beauty of the day.
They found a word for their slight hesitation,
called it 'trembling'
and knew that it came from the human heart
where their warm veins led.
They understood that life passes and is a fragile thing.
Then the floodlights were withdrawn, leaving the hands
with no hint of what they'd gleaned
during that short time with the forces of light –
though no one by then could call them forgetful.

Un poète

Je ne vais pas toujours seul au fond de moi-même
Et j'entraîne avec moi plus d'un être vivant.
Ceux qui seront entrés dans mes froides cavernes
Sont-ils sûrs d'en sortir même pour un moment?
J'entasse dans ma nuit, comme un vaisseau qui sombre,
Pêle-mêle, les passagers et les marins,
Et j'éteins la lumière aux yeux, dans les cabines,
Je me fais des amis des grandes profondeurs.

Poet

I don't always travel alone to my depths –
I drag along with me more than one living soul,
and those who enter my chilly caves
can't be sure they'll leave even for a moment.
I cram in passengers and crew –
I'm a ship going down with everyone on board.
I put out the lights in the cabins' eyes,
make friends with the layered waters.

* * *

Ainsi parlait je sais bien qui
Mais il ne veut pas qu'on le nomme.
Parfois je ne connais que lui
Et parfois je suis étonné
Derrière mon humain abri
D'avoir tant oublié cet homme.

Sont front est-il fait de la sorte,
Et ses yeux de telle couleur?
Je ne saurais trop vous le dire
Mais quand se défait son dessin
Je connais de l'intérieur
Ce qui l'apaise ou le déchire.

Nous sommes deux, nous sommes un,
Nos pas s'embrouillent, et nos coeurs.
Nous avons même vêtement
Quand nous allons chemin faisant
Sur la route qui sort de nous
La seule que nous puissions suivre.

Unnamed

That's how he used to speak – I know who
though he prefers not to be named.
Sometimes he's all I know,
and sometimes I'm astonished
hiding behind my human skin,
that I've so strongly forgotten him.

Is his forehead really like that?
Are his eyes grey or brown?
I couldn't really tell you,
but when he comes undone,
I can sense from within
what gives him peace, or tortures him.

There are two of us and we are one,
our footsteps, our hearts tangling,
and we wear the same coat
when we make our way
along the road that leads out of us,
the only road possible.

* * *

Je choisis un peuplier
Avec un fleuve non loin,
Je choisis le fleuve aussi
Et je vous mets près du fleuve.

Mais vous, vous, qui me dira
À qui s'adresse ce vous?

Je ne le sais qu'à demi
Car l'autre moitié varie.

You

I'll choose a poplar
with a river nearby.
I'll choose the river
and make sure you're close to it.

But *you* – who can tell me
who I mean by this *you*?

I only half know –
the other half varies.

47 Boulevard Lannes
(á Marcel Jouhandeau)

Boulevard Lannes, que fais-tu si haut dans l'espace
Et tes tombereaux que tirent des percherons l'un derrière l'autre,
Les naseaux dans l'éternité
Et la queue balayant l'aurore?
Le charretier suit, le fouet levé,
Une bouteille dans sa poche.
Chaque chose a l'air terrestre et vit dans son naturel.
Boulevard Lannes, que fais-tu au milieu du ciel
Avec tes immeubles de pierre que viennent flairer les années,
Si à l'écart du soleil de Paris et de sa lune
Que le réverbère ne sait plus s'il taut qu'il s'éteigne ou s'allume,
Et que la laitière se demande si ce sont bien des maisons,
Avançant de vrais balcons,
Et si tintent à ses doigts des flacons de lait ou des mondes?
Près du ruisseau, un balayeur de feuilles mortes de platanes
En forme un tas pour la fosse commune de tous les platanes
Echelonnées dans le ciel.
Ses mouvements font un bruit aéré d'immensité
Que l'âme voudrait imiter.
Ce chien qui traverse la chaussée miraculeusement
Est-ce encore un chien respirant?
Son poil sent la foudre et la nue
Mais ses yeux restent ingénus
Dans la dérivante atmosphère
Et je doute si le boulevard
N'est pas plus large que l'espace entre le Cygne et Bételgeuse.
Ah! si je colle l'oreille à l'immobile chaussée
C'est l'horrible galop des mondes, la bataille des vertiges;
Par la fente des pavés
Je vois que s'accroche une étoile
À sa propre violence
Dans l'air creux insaisissable
Qui s'enfuit de toutes parts.

47 Boulevard Lannes

(for Marcel Jouhandeau)

Boulevard Lannes, what are you doing so high up in space
with your horse-drawn dustcarts,
nostrils in eternity,
tails brushing against the dawn?
And the driver at the rear, whip raised,
bottle in his pocket.
Everything so natural, so earthly.
Boulevard Lannes, what are you doing in the middle of the sky,
the years sniffing at your stone apartments?
You're so remote from the Parisian sun and moon
the streetlamps don't know whether to go out or light up.
And the milk-lady asks herself if they really are houses
moving towards her, with real balconies,
and if these are milk bottles, or worlds, clinking in her fingers?
By the gutter, the sweeper of dead plane-leaves
makes a pile for the common grave to all plane trees
spaced out in the sky.
His sweeping sounds huge –
a noise souls would love to imitate.
And the dog who crosses the road so miraculously –
is he still a living, breathing dog?
His fur senses the lightning and clouds,
though his eyes stay innocent
in the drifting atmosphere.
I doubt if the boulevard is any wider
than the distance between Cygnus and Betelgeuse.
Ah, if I place my ear against the motionless road
I hear the terrible galloping of worlds,
the dizzying battles.
Through a crack in the pavement
I see a star trapped
by its own violence,
the elusive air
falling away on all sides.

Caché derrière un peu de nuit comme par une colonne,
En étouffant ma mémoire qui pourrait faire du bruit,
Je guette avec mes yeux d'homme
Mes yeux venus jusqu'ici,
Par quel visage travestis?
Autour de moi je vois bien que c'est l'année ou nous sommes
Et cependant on dirait le premier jour du monde,
Tant les choses se regardent fixement,
Entourées d'un mutisme différent.

Ce pas lourd sur le trottoir
Je le reconnais, c'est le mien,
Je l'entends partir au loin,
Il s'est séparé de moi
(Ne lui suis-je donc plus rien)
S'en va maintenant tout seul,
Et se perd au fond du Bois.
Si je crie on n'entend rien
Que la plainte de la Terre,
Palpant vaguement sa sphère,
À des millions de lieues,
S'assurant de ses montagnes,
De ses fleuves, ses forêts,
Attisant sa flamme obscure
Où se chauffe le futur
(Il attend que son tour vienne.)

Je reste seul avec mes os
Dont j'entends les blancheurs confuses:
«Où va-t-il entre deux ciels, si froissé par ses pensées,
Si loin de la terre ferme
Le voilà qui cherche l'ombre et qui trouve du soleil.»

Puisque je reconnais la face de ma demeure dans cette altitude,
Je vais accrocher les portraits de mon père et de ma mère
Entre deux étoiles tremblantes;
Je poserai la pendule ancienne du salon
Sur une cheminée taillée dans la nuit dure,
Et le savant qui un jour les découvrira dans le ciel

I'm hidden behind a piece of night as if it were a column,
hushing my loud memory,
on the look out with my human eyes,
that have come this far
masked – by what face?
I can see clearly that it's this year –
but it could be the first day of the world,
so many things stare fixedly at themselves
in the different silences.

Those heavy footsteps on the pavement –
I recognise they're mine.
I hear them going off into the distance,
quite separate from me,
losing themselves in the Bois de Boulogne.
If I cry out nobody hears anything –
just the groaning of the Earth
vaguely fingering her sphere,
her million leagues,
reminding herself of her mountains,
rivers and forests,
fanning the dark flames
where the future warms itself,
awaiting its turn.

I'm alone here with my bones,
listening to their white confusion:
Where is he going between two skies
so far from solid Earth,
his thoughts crumpled?
There he is, looking for shade, but finding the sun.

Since I recognise the front of my house up here,
I'll hang portraits of my mother and father
between two trembling stars,
and stand the antique clock from the living room
on a mantelpiece carved from this hard night.
Some scholar discovering them in the sky
will murmur over them until the day he dies.

En chuchotera jusqu'à sa mort.
Mais il faudra très longtemps pour que ma main aille et vienne
Comme si elle manquait d'air, de lumière et d'amis,
Dans le ciel endolori
Qui faiblement se plaindra
Sous les angles des objets qui seront montés de la Terre.

But it will be a very long time
before this hand of mine
can come and go among them,
as if it gasped for air, light and friends
in an aching sky
weakly moaning to itself
beneath the weight of all things
that have moved up from the Earth.

Le regret de la terre

Un jour, quand nous dirons: «C'était le temps du soleil,
Vous souvenez-vous, il éclairait la moindre ramille
Et aussi bien la femme âgée que la jeune fille étonnée,
Il savait donner leur couleur aux objets dès qu'il se posait.
Il suivait le cheval coureur et s'arrêtait avec lui.
C'était le temps inoubliable où nous étions sur la Terre,
Où cela faisait du bruit de faire tomber quelque chose,
Nous regardions alentour avec nos yeux connaisseurs,
Nos oreilles comprenaient toutes les nuances de l'air,
Et lorsque le pas de l'ami s'avançait, nous le savions;
Nous ramassions aussi bien une fleur qu'un caillou poli,
Le temps où nous ne pouvions attraper la fumée,
Ah! c'est tout ce que nos mains sauraient saisir maintenant.»

Homesick for the Earth

One day we'll say 'The sun ruled then.
Don't you remember how it shone on the twigs,
on the old, as well as the wide-eyed young?
It knew how to make all things vivid
the second it alighted on them.
It could run just like the racehorse.
How can we forget the time we had on earth?
If we dropped a plate it clattered.
We'd look around like connoisseurs,
alert to the slightest nuance of the air,
knew if a friend was coming towards us.
We'd pick daffodils, collect pebbles, shells –
when we couldn't catch the smoke.
Now smoke is all we hold in our hands.'

Whisper in Agony

Ne vous étonnez pas,
Abaissez les paupières
Jusqu'a ce qu'elles soient
De veritable pierre.

Laissez faire le coeur,
Et même s'il s'arrête.
Il bat pour lui tout seul
Sur sa pente secrète.

Les mains s'allongeront
Dans leur barque de glace,
Et le front sera nu
Comme une grande place
Vide, entre deux armées.

Whisper in Agony

No need to be shocked.
Close your eyelids until
they harden into stone.

Disregard your heart
even if it stops.
It only beats for itself
on its private slope.

Your hands will stretch out
in their boats of ice
and your forehead will be blank
as a vast empty square
that separates two armies.

L'allée

– Ne touchez pas l'épaule
Du cavalier qui passe,
Il se retournerait
Et ce serait la nuit,
Une nuit sans étoiles,
Sans courbe ni nuages.
– Alors que deviendrait
Tout ce qui fait le ciel,
La lune et son passage,
Et le bruit du soleil?
– Il vous faudrait attendre
Qu'un second cavalier
Aussi puissant que l'autre
Consentit à passer.

In the Lane

Be careful not to touch the shoulder
of the passing horseman.
He would turn around
and it would be night time,
a starless night, no curve or cloud.

So what would become of
all that is the sky,
the moon and her journey
the noise of the sun?

Ah, you must wait
until a second horseman
as powerful as the first,
consents to come your way.

Visages des animaux

Visages des animaux
Si bien modelés du dedans à cause de tous les mots que vous n'avez pas
    su dire,
Tant de propositions, tant d'exclamations, de surprise bien contenue,
Et tant de secrets gardés et tant d'aveux sans formule,
Tout cela devenu poil et naseaux bien à leur place,
Et humidité de l'oeil.
Visages toujours sans précédent tant ils occupent l'air hardiment!
Qui dira les mots non sortis des vaches, des limaçons, des serpents,
Et les pronoms relatifs des petits, des grands éléphants.
Mais avez-vous besoin des mots, visages non bourdonnants,
Et n'est-ce pas le silence qui vous donne votre sereine profondeur,
Et ces espaces intérieurs qui font qu'il y a des vaches sacrées et des
    tigres sacrés.
Oh! je sais que vous aboyez, vous beuglez et vous mugissez
Mais vous gardez pour vous vos nuances et la source de votre espérance
Sans laquelle vous ne sauriez faire un seul pas, ni respirer.
Oreilles des chevaux, mes compagnons, oreilles en cornet
Vous que j'allais oublier,
Qui paraissez si bien faites pour recevoir nos confidences
Et les mener en lieu sûr,
Par votre chaud entonnoir qui bouge à droite et à gauche...
Pourquoi ne peut-on dire des vers à l'oreille de son cheval
Sans voir s'ouvrir devant soi les portes de l'hôpital.
Chevaux, quand ferez-vous un clin d'oeil de connivence
Ou un geste de la patte.
Mais quelle gêne, quelle envie de courir à toutes jambes cela produirait
    dans le monde
On ne serait plus jamais seul dans la campagne ni en forêt
Et dès qu'on sortirait de sa chambre
Il faudrait se cacher la tête sous une étoffe foncée.

Animal Faces

Animal faces,
so finely moulded from the inside because of all the words
      you haven't known how to say,
all the proposals and exclamations held within,
so many well-kept secrets and unformulated confessions.
All these turn into damp eyes, fur and nostrils, in their exact place.
Bold as the first faces on earth, you occupy the air.
Who could utter the unsaid words of cows, snails, serpents,
the pronouncements of larger and smaller elephants?
You don't so much as hum. But do you need words?
Isn't it your silence that gives you your serenity, your depth,
and those interior spaces that make for sacred cows and sacred tigers?
Of course, I know that you bark, bellow and roar,
but you keep to yourself your subtleties and the source of your hope.
Without this you'd have no notion how to take a single step or breath.
The trumpet ears of horses are my companions.
How could I forget you, warm funnels
twitching from right to left,
perfect for receiving confidences
and ferrying them to a safe place.
Why can't we recite poems into horses' ears
without thinking we're going mad?
We long for a wink, a gesture from a foreleg.
But if you complied, we'd run a mile
in fear of the trouble this would cause.
We would never be alone in the fields or forests.
The moment we left the house
we'd hide our heads under a dark cloth.

L'aube dans la chambre

Le petit jour vient toucher une tête en son sommeil,
Il glisse sur l'os frontal
Et s'assure que c'est bien le même homme que la veille.
À pas de loup, les couleurs pénètrent par la croisée
Avec leur longue habitude de ne pas faire de bruit.
La blanche vient de Timor et toucha la Palestine
Et voilà que sur le lit elle s'incline et s'étale.
Cette grise, avec regret se sépara de la Chine,
La voici sur le miroir
Lui donnant sa profondeur,
Rien qu'en s'approchant de lui.
Une autre va vers l'armoire et la frotte un peu de jaune;
Celle-ci repeint de noir
La condition de l'homme
Qui repose dans son lit.
Alors l'âme qui le salt,
Mère inquiète toujours près de ce corps qui s'allonge:
«Le malheur n'est pas sur nous
Puisque le corps de nos jours
Dans la pénombre respire.
Il n'est plus grande douleur
Que ne plus pouvoir souffrir
Et que l'âme soit sans gîte
Devant des portes fermées.
Un jour je serai privée de ce grand corps près de moi;
J'aime bien à deviner ses formes dessous les draps,
Mon ami le sang qui coule dans son delta malaisé,
Et cette main qui parfois
Bouge un peu sous quelque songe
Qui ne laissera de trace
Dans le corps ni dans son âme.
Mais il dort, ne pensons pas pour ne pas le réveiller.
Qu'on ne m'entende pas plus que le feuillage qui pousse
Ni la rose de verdure.»

Dawn in the Bedroom

The first light of day touches his sleeping head,
glides on his forehead,
reassures itself he's the same man as yesterday.
All the colours creep through the window,
as soundless as ever.
The white from Timor via Palestine
leans across the bed and spreads itself out.
The grey is so sorry to have left China –
it lies on the mirror,
gives it depth simply by approaching it.
Yellow dabs itself on the wardrobe,
while black repaints the human condition –
the fate of the man lying in bed.

Then his understanding soul starts to speak,
hovering over him like an anxious mother:
'I count myself lucky
that my companion breathes in the half-light.
There is no greater suffering
than to have no future chance of suffering.
I can always bear to wait
to be a naked soul
at a row of locked doors.
Someday I'll lose the splendid nearness
of this body –
its shape beneath the bedclothes,
the blood flowing in its difficult delta,
a hand stirring slightly
beneath a dream that leaves no trace
on body or soul.
But he's sleeping –
our thoughts alone might wake him.
I'll lower my voice, speak no louder
than a dog-rose opening.'

Plein Ciel

J'avais un cheval
Dans un champ de ciel
Et je m'enfonçais
Dans le jour ardent.
Rien ne m'arrêtait
J'allais sans savoir,
C'était un navire,
Plutôt qu'un cheval,
C'était un désir
Plutôt qu'un navire,
C'était un cheval
Comme on n'en voit pas,
Tête de coursier,
Robe de délire,
Un vent qui hennit
En se répandant.
Je montais toujours
Et faisais des signes:
«Suivez mon chemin,
Vous pouvez venir,
Mes meilleurs amis,
La route est sereine,
Le ciel est ouvert.
Mais qui parle ainsi?
Je me perds de vue
Dans cette altitude,
Me distinguez-vous,
Je suis celui qui
Parlait tout à l'heure,
Suis-je encor celui
Qui parle à présent,
Vous-mêmes, amis,
Êtes-vous les mêmes?
L'un efface l'autre
Et change en montant.»

Open Sky

I had a horse in a field of sky,
would plunge into the blazing day.
Nothing could hold me back.
I travelled blind.
It was a ship, not a horse,
a longing rather than a ship.
It was a horse I'd never seen
with a charger's head,
and a coat of pure joy.
A neighing wind,
it launched itself forwards.
I rode on upwards,
signalling to friends:
'Follow me,
you're welcome too.
It's a peaceful journey,
the heavens are wide open.
But who's speaking now?
I'm lost to myself
at this great height.
Can you still make me out?
I'm the one
who was speaking to you just now.
And you, my friends,
are you still the same?
One self wipes out the other,
alters as I climb higher.'

La mer secrète

Quand nul ne la regarde
La mer n'est plus la mer,
Elle est ce que nous sommes
Lorsque nul ne nous voit.
Elle a d'autres poissons,
D'autres vagues aussi.
C'est la mer pour la mer
Et pour ceux qui en rêvent
Comme je fais ici.

The Secret Sea

When nobody's looking at her
she's no longer the sea.
She's just as we are
when no one's looking at us.

She has other fish, other waves,
and exists for herself alone,
and for those who dream of her,
as I do here.

Mouvement

Ce cheval qui tourna la tête
Vit ce que nul n'a jamais vu
Puis il continua de paître
A l'ombre des eucalyptus.

Ce n'était ni homme ni arbre
Ce n'était pas une jument
Ni même un souvenir de vent
Qui s'exerçait sur du feuillage.

C'était ce qu'un autre cheval,
Vingt mille siècles avant lui,
Ayant soudain tourné la tête
Aperçut à cette heure-ci.

Et ce que nul ne reverra,
Homme, cheval, poisson, insecte,
Jusqu'à ce que le sol ne soit
Que le reste d'une statue
Sans bras, sans jambes et sans tête.

Movement

The horse that turned its head,
saw what no one has ever seen,
then carried on grazing
in the shade of the eucalyptus.

It wasn't a person or a tree.
It wasn't a mare,
nor even the memory of the wind
exercising in the foliage.

It's what another horse
suddenly turned its head
and glimpsed at that same hour
twenty thousand centuries ago,

And what no being will see again,
not man, horse, fish, insect –
until the soil is reduced
to a crumbled statue
without arms, legs or head.

Les poissons

Mémoire des poissons dans les criques profondes,
Que puis-je faire ici de vos lents souvenirs,
Je ne sais rien de vous qu'un peu d'écume et d'ombre
Et qu'un jour, comme moi, il vous faudra mourir.

Alors que venez-vous interroger mes rêves
Comme si je pouvais vous être de secours?
Allez en mer, laissez-moi sur ma terre sèche
Nous ne sommes pas faits pour mélanger nos jours.

Fish Swimming

Fish swimming in the deep-water coves –
I can do nothing with your slow recollections.
Hints of foam and shadow, that's all I know of you,
and that one day, like me, you must die.

So why do you come to peer into my dreams
as if I could be of some help to you?
Swim out to sea, leave me on dry land.
We weren't meant to mix up our lives.

L'enfant et les escaliers

Toi que j'entends courir dans les escaliers de la maison
Et qui me caches ton visage et même le reste du corps,
Lorsque je me montre à la rampe,
N'es-tu pas mon enfance qui fréquente les lieux de ma préférence,
Toi qui t'éloignes difficilement de ton ancien locataire.
Je te devine à ta façon pour ainsi dire invisible
De rôder autour de moi lorsque nul ne nous regarde
Et de t'enfuir comme quelqu'un qu'on ne doit pas voir avec un
    autre.
Fort bien, je ne dirai pas que j'ai pu te reconnaître,
Mais garde aussi notre secret, rumeur cent fois familière
De petits pas anciens dans les escaliers d'à présent.

The Child on the Stairs

I hear you running up and down the stairs,
but the minute I grab hold of the banister
you turn your face the other way.
I'm convinced you're my childhood
haunting a favourite place.
You hide from me, embarrassed,
but I was a kind of lodger in your house,
so now I can't help recognising you,
even though you make yourself invisible.
You prowl around me when no one's looking,
and hurry away, as from an illicit meeting.
Okay, I won't let on I know you,
but you must also keep our secret –
this constant patter of my early footsteps
on the present-day stairs.

*   *   *

Écoute, apprendras-tu à m'écouter de loin,
Il s'agit de pencher le coeur plus que l'oreille,
Tu trouveras en toi des ponts et des chemins
Pour venir jusqu'à moi qui regards et qui veille.

Qu'importe en sa longueur l'Océan Atlantique,
Les champs, les bois, les monts qui sont entre nous deux?
L'un après l'autre un jour il faudra qu'ils abdiquent
Lorsque de ce côté tu tourneras les yeux.

Listen, Will You Learn to Hear Me from a Distance?

It's a question of listening with the heart, rather than the ear.
You'll find bridges inside yourself, and roads
that lead right to me.
I'm awake all night, looking out for you.

What does the width of the Atlantic matter,
the fields and woods, the mountains between us?
One by one they'll have to abdicate –
when you decide to turn your eyes this way.

Visite de la nuit

Terrasse ou balcon, je posai le pied
À la place exacte où l'on sait toute chose,

J'attendis longtemps, gêné par mon corps,
Il faisait grand jour et l'on approchait.

C'était bien la Nuit convertie en femme,
Tremblante au soleil comme une perdrix,

Si peu faite encore à son enveloppe
Toute errante en soi, même dans son coeur.

Quand il m'arrivait de faire des signes
Elle regardait mais voyait ailleurs.

Je ne bougeais plus pour mieux la convaincre
Mais aucun silence ne lui parvenait.

Ses gestes obscurs comme ses murmures
Toujours me voulaient d'un autre côté.

Quand baissa le jour, d'un pas très humain
A jamais déçu, elle s'éloigna.

Elle rejoignit au bout de la rue
Son vertige ardent, sa forme espacée.

Comme chaque nuit elle s'étoila
De ses milliers d'yeux dont aucun ne voit.

Et depuis ce jour je cède a mes ombres.

Night Visitor

In the night air, I placed my foot
on the exact spot where all is revealed,

and waited a long time – simply couldn't move.
It was almost broad daylight when someone approached.

Surely it was the Night herself – this woman
trembling like a partridge in the sun?

Ill at ease in her own skin, she wandered about
inside herself, inside her heart.

When I tried to convince her I was there,
she stared straight past me.

So I stayed still –
but even my silence stopped short of her.

Her dark gestures, like her constant murmurings,
flew at me from all sides.

When the daylight faded she walked away
with human footsteps, permanently deceived –

to turn up again at the end of the street,
suffering from vertigo, indistinct.

Just as every night, she starred herself
with thousands of blind eyes.

And since that day, I've yielded
to my shadows.

Naufrage

Une table tout près, une lampe très loin
Qui dans l'air irrité ne peuvent se rejoindre,
Et jusqu'à l'horizon une plage déserte.
Un homme à la mer lève un bras, crie: «Au secours!»
Et l'écho lui répond: «Qu'entendez-vous par là?»

Castaway

A table quite near to us and a faraway lamp
can't be linked up again in the hostile air.
And right up to the skyline – an empty beach.
A man in the sea is waving, screaming *Help!*
and his echo replies *What do you mean by that?*

* * *

C'est vous quand vous êtes partie,
L'air peu à peu qui se referme
Mais toujours prêt à se rouvrir
Dans sa tremblante cicatrice,
Et c'est mon âme à contre-jour
Si profondément étourdie
De ce brusque manque d'amour
Qu'elle n'en trouve plus sa forme
Entre la douleur et l'oubli.
Et c'est mon coeur mal protégé
Par un peu de chair et tant d'ombre
Qui se fait au goût de la tombe
Dans ce rien de jour étouffé
Tombant des astres, goutte à goutte,
Miel secret de ce qui n'est plus
Qu'un peu de rêve révolu.

It's You When You've Gone

It's you when you've gone,
the air closing up again
bit by bit,
always ready to reopen –
a quivering scar.

And it's my soul back-lit,
so completely dazed
by this sudden lack of love
it no longer finds its shape
between the pain and the forgetting.

It's my heart so poorly shielded,
so little flesh
and so much darkness,
starting to like the taste of death,
this nothing of snuffed out day,

a past dream
falling from the stars
drop by drop
the little left of it,
my secret honey.

La mer

C'est tout ce que nous aurions voulu faire et n'avons pas fait,
Ce qui a voulu prendre la parole et n'a pas trouvé les mots qu'il fallait,
Tout ce qui nous a quittés sans rien nous dire de son secret,
Ce que nous pouvons toucher et même creuser par le fer sans jamais
    l'atteindre,
Ce qui est devenu vagues et encore vagues parce qu'il se cherche sans
    se trouver,
Ce qui est devenu écume pour ne pas mourir tout à fait,
Ce qui est devenu sillage de quelques secondes par goût fondamental de
    l'eternel,
Ce qui avance dans les profondeurs et ne montera jamais à la surface,
Ce qui avance à la surface et redoute les profondeurs,
Tout cela et bien plus encore,
La mer.

Cette mer qui a tant de choses à dire et les méprise,
Elle se veut toujours informulée,
Ou simplement murmurante,
Comme un homme qui bourdonne tout seul derrière ses dents, serrées,
Cette mer dont la surface est offerte au navire qui la parcourt,
Elle refuse ses profondeurs!
Est-ce pour contempler en secret sa nudité verticale
Qu'elle présente l'autre, à la lumière du ciel?
Et le ciel, au-dessus, offre sa grande coupe renversée
Pour faire comprendre à la mer qu'elle n'est pas faite pour la remplir,
Coupe et liquide demeurant ainsi face à face,
Collés l'un sur l'autre depuis les origines du monde,
Dans une vigilance sans fin qui ne tourne pas à leur confusion.
Et cependant,
Il est des yeux par paires qui regardent à bord du navire,
Mais ils ne voient guère mieux que des yeux d'aveugle qui vont aussi
    par paires.
Devant la mer sous mes yeux je ne parviens à rien saisir,
Je suis devant un beau jour et ne sais plus m'en servir.

The Sea

It's all that we've wanted to do and haven't done,
all that we've wanted to say but haven't found the words to say it,
all that has left us without telling us its secret,
all that we can touch, or even plough through without ever
    reaching,
all that has become wave after wave again because it looks for
    itself without finding itself,
all that becomes foam so as not to die completely,
all that leaves a wake of a few seconds, because of its taste for
    the eternal,
all that makes for the depths and will never climb to the surface,
all that rises to the surface in dread of the depths.
All this, and so much more.
The sea.

The sea which has so many things to say and despises them,
who wishes to be always unformulated,
or simply to murmur
like someone all alone humming behind clenched teeth.
The sea who gives her surface to the ship
refuses her depths.
Is it so as to contemplate in secret her tall nakedness
that she presents her other self to the light of the sky?
And the sky above offers its great upside-down bowl
to make the sea understand she'll never be able to fill it.
The bowl and the ocean remain there face to face,
pressed together in endless watchfulness
since the world began.
It's true
there are paired eyes staring down from on board ship
but they see so little they might almost be blind.
I'm gazing at the sea below me, and can't grasp hold of anything.
I don't know what to do with the beautiful day.

Trop d'océan, trop de ciel
En long, en large, en travers,
Je deviens un peu d'écume qui s'éteint et qui s'allume
Et change de position sur la couche de la mer.
Je ne sais plus où je suis, je ne sais plus où j'en suis.
Nous disions donc que ce jour,
Ce jour ne laissera pas de traces dans ma mémoire.

Too much ocean, too much sky wherever I look.
I turn into a piece of foam dying and lighting up,
changing position on the sea bed.
I no longer know where I am, or where I belong.

We were saying then, that this day,
this day – I'll not remember it at all.

Pour un poète mort

Donnez-lui vite une fourmi,
Et si petite soit-elle,
Mais qu'elle soit bien à lui!
Il ne faut pas tromper un mort.
Donnez-la-lui, ou bien le bec d'une hirondelle.
Un bout de herbe, un bout de Paris,
Il n'a plus qu'un grand vide à lui
Et comprend encor mal son sort.

À choisir il vous donne en échange
Des cadeaux plus obscurs que la main ne peut prendre:
Un reflet qui couche sous la neige,
Ou l'envers du plus haut des nuages,
Le silence au milieu du tapage,
Ou l'étoile que rien ne protège.
Tout cela il le nomme et le donne
Lui qui est sans un chien ni personne.

For a Dead Poet

Quickly, give him an ant,
a tiny ant – but for him alone.

We mustn't cheat the dead!

Or give him a swallow's beak,
the slightest stone, a blade of grass...

He's full of emptiness
and can't yet understand his fate.

In return he'll offer you a choice
of strange, intangible gifts:

a reflection lying under snow,
the lining of the highest cloud,

the silence at the heart of noise,
an unprotected star. All these

he'll name and give to you.
Poet without a dog, without anyone at all.

La demeure entourée

Le corps de la montagne hésite à ma fenêtre:
«Comment peut-on entrer si l'on est la montagne,
Si l'on est en hauteur, avec roches, cailloux,
Un morceau de la Terre, altéré par le Ciel?»
Le feuillage des bois entoure ma maison:
«Les bois ont-ils leur mot à dire là-dedans?
Notre monde branchu, notre monde feuillu
Que peut-il dans la chambre où siège ce lit blanc,
Près de ce chandelier qui brûle par le haut,
Et devant cette fleur qui trempe dans un verre?
Que peut-il pour cet homme et son bras replié,
Cette main écrivant entre ces quatres murs?
Prenons avis de nos racines délicates,
Il ne nous a pas vus, il cherche au fond de lui
Des arbres différents qui comprennent sa langue.»
Et la rivière dit: «Je ne veux rien savoir,
Je coule pour moi seule et j'ignore les hommes.
Je ne suis jamais là où l'on croit me trouver
Et vais me devançant, crainte de m'attarder.
Tant pis pour ces gens-là qui s'en vont sur leurs jambes.
Ils partent, et toujours reviennent sur leurs pas.»
Mais l'étoile se dit: «Je tremble au bout d'un fil.
Si nul ne pense à moi je cesse d'exister.»

Home Surrounded

The great bulk of a mountain hesitates at my window:

Can you get in if you're a mountain,
way up here with your boulders and stones –
a piece of the Earth in conflict with the sky?

My house is surrounded by woods:

Do the woods have a say indoors?
Can our branches, our leafy world
influence this room
with its white bed, lit candle,
flowers drenched in a vase?
What can a wood do for a man, walled in,
who rests his writing hand on his arm?
Let's consult our delicate roots.
The man hasn't seen us –
he peers into his depths for other trees
that might understand his tongue.

And the river says:

I don't want anything to do with this.
I have no interest in men or women,
I flow for myself.
I am never where you expect to find me.
I outrun myself, afraid to stand still.
I pity those who rush off on two legs –
they never fail to retrace their steps.

But the star murmurs to itself,

I shiver on the end of a thread –
if no one's thinking of me I cease to exist.

Docilité

La forêt dit: «C'est toujours moi la sacrifiée,
On me harcèle, on me traverse, on me brise à coups de hache,
On me cherche noise, on me tourmente sans raison,
On me lance des oiseaux à la tête ou des fourmis dans les jambes,
Et l'on me grave des noms auxquels je ne puis m'attacher.
Ah! on ne le sait que trop que je ne puis me défendre
Comme un cheval qu'on agace ou la vache mécontente.
Et pourtant je fais toujours ce que l'on m'avait dit de faire,
On m'ordonna: «Prenez racine.» Et je donnai de la racine tant que
    je pus,
«Faites de l'ombre.» Et j'en fis autant qu'il était raisonnable,
«Cessez d'en donner l'hiver." Je perdis mes feuilles jusqu'à la
    dernière.
Mois par mois et jour par jour je sais bien ce que je dois faire.
Voilà longtemps qu'on n'a plus besoin de me commander.
Alors pourquoi ces bûcherons qui s'en viennent au pas cadencé?
Que l'on me dise ce qu'on attend de moi, et je le ferai,
Qu'on me réponde par un nuage ou quelque signe dans le ciel,
Je ne suis pas une révoltée, je ne cherche querelle à personne
Mais il me semble tout de même que l'on pourrait bien me
    répondre
Lorsque le vent qui se lève fait de moi une questionneuse.»

Docility

The forest says: I'm always the one who's sacrificed.
They harass me, swarm all over me, smash me with their axes.
They try to pick a quarrel, torment me for nothing.
They hurl birds at my head, ants at my legs,
cut names into me, names I don't love.
They know very well I can't defend myself
as a horse does when provoked, or a discontented cow.
I always do as they say.
They command me to put down roots.
I grow them as well as I can.
Give shade they'd say. I give a reasonable amount.
But not in winter. Obediently I drop every single leaf.
Month by month, day by day
I know exactly what I have to do.
It's been ages since they had to give me orders.
So why are the lumberjacks marching towards me?
Just tell me what I have to do, and I'll do it.
Someone, give me a sign – a cloud in the sky.
I'm not a rebel, I'm not looking for a fight
but I'd be pleased to have an answer
when the wind gets up
and makes me a questioner.

La goutte de pluie

(Dieu Parle)

Je cherche une goutte de pluie
Qui vient de tomber dans la mer.
Dans sa rapide verticale
Elle luisait plus que les autres
Car seule entre les autres gouttes
Elle eut la force de comprendre
Que, très douce dans l'eau salée,
Elle allait se perdre à jamais.
Alors je cherche dans la mer
Et sur les vagues, alertées,
Je cherche pour faire plaisir
À ce fragile souvenir
Dont je suis seul dépositaire.
Mais j'ai beau faire, il est des choses
Où Dieu même ne peut plus rien
Malgré sa bonne volonté
Et l'assistance sans paroles
Du ciel, des vagues et de l'air.

The Raindrop

(God Speaks)

I'm searching for a drop of rain
so recently fallen into the sea.
In its sheer descent
it out-glistened the others
because alone among all the drops
it had the wisdom to understand
that very softly
it would lose itself forever
in the salty water.
So I'm searching the sea,
scanning the attentive waves
for the sake of a delicate memory
which only I can guard.
Well, I've done my best –
some things even God can't do
despite the best of intentions
and the wordless assistance
of sky, waves, air.

Premiers jours du monde

(Dieu Parle)

Je me dépêche avec le lièvre,
Je me mouille avec le poisson,
Je me cache avec la belette,
Je m'envole avec le pigeon,
Je m'endors avec l'homme heureux,
Je le réveille de bonne heure,
Je me cherche avec le boiteux,
J'éclate avec l'enfant qui pleure.
Et j'épouse de ma lumière
Tout ce qui bouge sur la terre
Et tout ce qui ne bouge plus.
Et je veux que tout signifie
Qu'à son Dieu toujours l'on se fie.
La chèvre sur le roc pointu,
Les pétales de la lumière,
Les nuages discontinus
Comme les montagnes altières
Allient leurs mots avec tant d'art
Qu'ils forment des phrases entières,
Et s'ils se taisent pour l'oreille,
Ils s'enchaînent pour le regard.
Langage à toutes les distances,
Creusé, bombé par les couleurs
Et dont la sereine éloquence
Toujours se déroule sans heurts
Dans le grand silence apparent,
Où tous parlent en même temps.

First Days of the World
(God Speaks)

I hurry with the hare,
I'm drenched with the fish,
I hide with the weasel,
take flight with the pigeon,
I doze with the peaceful man,
and wake him early.
I struggle with the lame man,
I cry with the crying child.
And I marry with my light
all who move on Earth
and all who move no longer.
And I want all this to mean
that you can always trust in God.
The goat on the sharp rock,
the petals of light,
the clouds that come and go
like the mountain peaks,
they combine their words
with such skill
they make whole phrases
soundless to the ear,
but visible to the eye,
language crossing any distance,
scooped out or rounded
with colour –
its serene eloquence
unrolling smoothly
in the vast apparent silence
where everything speaks at once.

Prière à l'inconnu

Voilà que je me surprends à t'adresser la parole,
Mon Dieu, moi qui ne sais encore si tu existes,
Et ne comprends pas la langue de tes églises chuchotantes,
Je regarde les autels, la voûte de ta maison
Comme qui dit simplement: «Voilà du bois, de la pierre,
Voilà des colonnes romanes, il manque le nez à ce saint
Et au dedans comme au dehors il y à la détresse humaine.»
Je baisse les yeux sans pouvoir m'agenouiller pendant la messe
Comme si je laissais passer l'orage au-dessus de ma tête
Et je ne puis m'empêcher de penser à autre chose.
Hélas j'aurai passe ma vie à penser à autre chose.
Cette autre chose c'est encore moi, c'est peut-être mon vrai moi-
   même.
C'est là que je me réfugie, c'est peut-être là que tu es,
Je n'aurai jamais vécu que dans ces lointains attirants,
Le moment présent est un cadeau dont je n'ai pas su profiter,
Je n'en connais pas bien l'usage, je le tourne dans tous les sens,
Sans savoir faire marcher sa mécanique difficile.
Mon Dieu, je ne crois pas en toi, je voudrais te parler tout de
   même;
J'ai bien parlé aux étoiles bien que je les sache sans vie,
Aux plus humbles des animaux quand je les savais sans réponse,
Aux arbres qui, sans le vent, seraient muets comme la tombe.
Je me suis parlé à moi-même quand je ne sais pas bien si j'existe.
Je ne sais si tu entends nos prières à nous les hommes,
Je ne sais si tu as envie de les écouter,
Si tu as comme nous un coeur qui est toujours sur le qui-vive,
Et des oreilles ouvertes aux nouvelles les plus différentes.
Je ne sais pas si tu aimes à regarder par ici,
Pourtant je voudrais te remettre en memoire la planète Terre,
Avec ses fleurs, ses cailloux, ses jardins et ses maisons,
Avec tous les autres et nous qui savons bien que nous souffrons.
Je veux t'adresser sans tarder ces humbles paroles humaines
Parce qu'il faut que chacun tente à présent tout l'impossible,
Même si tu n'es qu'un souffle d'il y a des milliers d'années,

Prayer to the Unknown

I surprise myself, God, by talking to you
when I still don't know if you exist.
I can't understand your hushed churches.
I look at the altars and vaults of your house,
and say simply: 'Wood, stone,
Roman columns, this saint's nose is missing.
In here, out there, is human pain.'
I close my eyes, but I can't kneel during mass.
It's as if a storm sweeps over my head
and I think of something else.
My whole life has been spent
thinking of something else!
And this thing that shelters me –
perhaps it's my true self.
I have only ever lived
at these enticing distances.
What should I do with a living moment?
I haven't quite known
how to make use of such a gift –
I turn it around,
try to find out how it works.
God, I don't believe in you,
but I'd like to talk to you anyway.
I've spoken to the lifeless stars,
to the humblest animals
who can't begin to answer,
to the trees that without the wind
would be silent as the grave.
I talk to myself
though I doubt my own existence.
God, I don't know if you hear our prayers,
the prayers of humankind,
or even want to listen to them.
Is your heart like ours, always on the alert?
Are your ears open to all sorts of news?

Une grande vitesse acquise, une durable mélancolie
Qui ferait tourner encore les sphères dans leur mélodie.
Je voudrais, mon Dieu sans visage et peut-être sans espérance,
Attirer ton attention, parmi tant de ciels, vagabonde,
Sur les hommes qui n'ont plus de repos sur la planète.
Écoute-moi, cela presse, ils vont tous se décourager
Et l'on ne va plus reconnaître les jeunes parmi les âgés.
Chaque matin ils se demandent si la tuerie va commencer,
De tous côtés l'on prépare de bizarres distributeurs
De sang, de plaintes et de larmes,
L'on se demande si les blés ne cachent pas déjà des fusils.
Le temps serait-il passé où tu occupais des hommes,
T'appelle-t-on dans d'autres mondes, médecin en consultation,
Ne sachant où donner de la tête, laissant mourir sa clientèle.
Écoute-moi, je ne suis qu'un homme parmi tant d'autres,
L'âme se plaît dans notre corps, ne demande pas à s'enfuir
Dans un éclatement de bombe,
Elle est pour nous une caresse, une secrète flatterie.
Laisse-nous respirer encor sans songer aux nouveaux poisons,
Laisse-nous regarder nos enfants sans penser tout le temps à la
    mort.
Nous n'avons pas du tout le coeur aux batailles, aux généraux
Laisse-nous notre va-et-vient comme un troupeaux dans ses
    sonnailles,
Une odeur de lait se mêlant à l'odeur de l'herbe grasse.
Ah! si tu existes, mon Dieu, regarde de notre côté,
Viens te délasser parmi nous, la Terre est belle avec ses arbres,
Ses fleuves et ses étangs, si belle que l'on dirait
Que tu la regrettes un peu.
Mon Dieu, ne va pas faire encore la sourde oreille,
Et ne va pas m'en vouloir si nous sommes à tu et à toi,
Si je te parle avec tant d'abrupte simplicité,
Je croirais moins qu'en tout autre en un Dieu qui terrorise;
Plus que par la foudre tu sais t'exprimer par les brins d'herbe,
Et par les yeux des ruisseaux et par les jeux des enfants,
Ce qui n'empêche pas les mers et les chaînes de montagnes.
Tu ne peux pas m'en vouloir de dire ce que je pense,
De réfléchir comme je peux sur l'homme et sur son existence,

I don't know if you want to look down here,
but I'd like to put our planet
back in your memory, the Earth
with its geraniums and pebbles,
its gardens, its small houses,
with everybody, with all of us
who know so well we're suffering.
I want to speak to you at once,
even if you're just a single breath
from thousands of years ago,
a great momentum, a lasting melancholy
that could bring back the music of the spheres.
I want to offer simple human words,
because at this time each of us
must attempt the impossible.
My faceless God – perhaps you've lost hope?
I'd like to attract your attention
which wanders among so many skies.
We can't get any rest on this planet.
Listen, it's urgent – we're all going to lose heart.
Soon we won't be able to tell the young from the old.
Every morning we wonder
if the slaughter will begin.
Strange machines are in the making,
dispensers of blood, groans and tears.
Are rifles already hidden in the cornfields?
Has the time passed when we humans
filled your thoughts?
Are you a healer, a physician
to other worlds as well,
not knowing which way to turn,
letting your patients die?
The soul likes to be within a body –
don't let a bomb blast it away.
It's our comfort, our secret admirer.
Allow us, God, to breathe,
without the nightmares of new poisons,
to enjoy our children
without the constant thought of death,

Avec la franchise de la Terre et des diverses saisons
(Et peut-être de toi-même dont j'ignorerais les leçons).
Je ne suis pas sans excuses, veuille accepter mes pauvres ruses,
Tant de choses se préparent sournoisement contre nous,
Quoique nous fassions nous craignons d'être pris au dépourvu,
Et d'être comme le taureau qui ne comprend pas ce qui se passe,
Le mène-t-on à l'abattoir, il ne sait où il va comme ça,
Et juste avant de recevoir le coup de mort sur le front
Il se répète qu'il a faim et brouterait résolument,
Mais qu'est-ce qu'ils ont ce matin avec leur tablier plein de sang
À vouloir tous s'occuper de lui?

(Pontigny, Juillet 1937)

to roam like the herd
with its tinkling bells,
the smell of milk mixing
with the scent of rich pasture.
We can't bear the thought of war.
God, if you exist, look this way,
revive yourself among us.
The Earth is so beautiful
with its trees and rivers, its still ponds.
Surely you miss it a little?
God, don't turn a deaf ear again,
or turn on me
for speaking to you so intimately, so bluntly.
I have least faith
in a God who terrorises us.
It's not through lightning bolts
you express yourself best,
but through blades of grass,
children's play,
the bubbling of brooks,
not to mention seas and mountain ranges.
You mustn't hold it against me
for pondering our existence
with the frankness of the Earth
with her different seasons,
with the frankness of you, perhaps,
when you're teaching us a lesson.
I have my excuses,
please except my poor ruses.
So many things are being slyly prepared against us.
Whatever we do we're afraid of being caught off guard,
like the bull who doesn't know where he's going
when he's led to the slaughterhouse –
then just before the fatal blow between the eyes
he repeats to himself that he's hungry
and would like to graze...
But what's the matter with them all this morning
in their bloody overalls,
unable to leave him in peace?

Tu disparais

Tu disparais, déjà te voilà plein de brume
Et l'on rame vers toi comme au travers du soir,
Tu restes seul parmi les ans qui te consument
Dans tes bras la minceur de tes demiers espoirs.

Où tu poses le pied viennent des feuilles mortes
Au souffle faiblissant d'anciennes amours,
La lune qui te suit prend tes dernières forces
Et te bleuit sans fin pour ton ultime jour.

Pourtant l'on voit percer sous ta candeur chagrine
Tout ce peu qui te reste et fait battre ton coeur
Et parfois un sursaut te hausse et t'illumine
Qui suscite en ta nuit des hiboux de splendeurs.

You're Disappearing

You're disappearing, already you're made of fog –
they row towards you across an evening.
You're on your own with the corrosive years,
holding in your arms your last frail hope.

Wherever you stand dead leaves pile up
blown by the breath of your past loves,
the moon follows you, sapping your strength,
tingeing you blue for your last day.

But the little that's left that makes your heart beat
pierces your sad innocence, and sometimes
a start lifts you, lights you up,
bringing splendour to your night of owls.

*   *   *

Nuit en moi, nuit au dehors,
Elles risquent leurs étoiles,
Les mêlant sans le savoir.
Et je fais force de rames
Entre ces nuits coutumières,
Puis je m'arrête et regarde.
Comme je me vois de loin!
Je ne suis qu'un frêle point
Qui bat vite et qui respire
Sur l'eau profonde entourante.
La nuit me tâte le corps
Et me dit de bonne prise.
Mais laquelle des deux nuits,
Du dehors ou du dedans?
L'ombre est une et circulante,
Le ciel, le sang ne font qu'un.
Depuis longtemps disparu,
Je discerne mon sillage
À grande peine étoilé.

Night

The night within me
and the night outside
dare to show their stars,
mingling them
without knowing.
And I row hard
between these familiar
darknesses, then pause
to take everything in.
It's a shock
to see myself from afar –
a frail speck
beating quickly, breathing
on deep lake water.
Night runs its hands
down my sides.
But which night is it?
There's only one darkness
turning like a carousel
in the sky, in my veins.
It's a long time
since I disappeared.
I can see my wake
hung with stars.
It was such hard work.

1940

…Nous sommes très loin en nous-mêmes
Avec la France dans les bras,
Chacun se croit seul avec elle
Et pense qu'on ne le voit pas.

Chacun est plein de gaucherie
Devant un bien si précieux,
Est-ce donc elle, la patrie,
Ce corps à la face des cieux?

Chacun la tient à sa façon
Dans une étreinte sans mesure
Et se mire dans sa figure
Comme au miroir le plus profond.

1940

We've journeyed far inside ourselves
with France in our arms.
We all think we're alone with her,
that no one can see us.

And we feel so awkward
with such a precious gift.
Can it really be our homeland,
this body spread out under the sky?

We each hold her in our own way
in a boundless embrace,
our reflection in her face
as in the deepest mirror.

Le relais

Petite halte dans la nuit
Où le sommeil s'en va sans bruit
De mes paupières relevées.
Ce doit être ici le relais
Où l'âme change de chevaux
Pour les trois heures du matin.
Ce sont de gris chevaux de feutre,
Leurs naseaux ne frémissent pas
Et l'on n'entend jamais leur pas
Même sous l'écorce de l'être.
J'ai beau me trouver dans mes draps
Ils me tirent sur une route
Que je ne puis apercevoir
Et j'ai beau rester à l'écoute
Je n'entends que mon coeur qui bat
Et résume dans son langage
Où je perçois quelques faux-pas
Son courage et mon décourage.
J'avance d'un pas incertain
Dans un temps proche et très lointain
Sous les décombres du sommeil.
Je suis sur les bancs de l'école
Parmi des enfants, mes pareils,
Et voilà que l'on m'interroge.
– Qui donc était si malheureux?
– La France coupée au milieu.
– Qui souffrait d'espérer encor
Quand l'honneur même semblait mort?
J'étais trop triste pour répondre
Et devenais larmes dans l'ombre
Puis je reprenais le chemin
Qui conduisait au lendemain,
Tiré par des chevaux sans gloire
Hors de l'enfance et de l'Histoire
Jusqu'à ce que parût enfin
Modeste, le petit matin.

The Inn

Three in the morning.
This must be the inn
where the soul changes horses.
Short stop in the night
where sleep slips away
from under my raised eyelids.
Although I'm in bed,
they pull me
onto an unfamiliar road –
grey felt horses
with stilled nostrils
their hoof beats soundless
beneath the shell of myself.
Even if I listen hard
all I hear is my faulty heartbeat
taking stock of its courage –
and my despair.
I move uncertainly
under the rubble of sleep
in a time both then and now.
I sit in my old classroom
along with the others.
I'm being questioned:
'Why were they so wretched?'
'Our country torn in half.'
'Why the pain of hoping
when honour itself seemed dead?'
Too depressed to answer
I wept in the dark.
Then drawn, shamefaced, by horses
continued on the road
out of childhood and History
into a slow
and modest dawn.

Lourde

Comme la Terre est lourde à porter! L'on dirait
Que chaque homme a son poids sur le dos.
Les morts, comme fardeau,
N'ont que deux doigts de terre,
Les vivants, eux, la sphère.
Atlas, ô commune misère,
Atlas, nous sommes tes enfants,
Nous sommes innombrables,
Toute seule est la Terre
Et pourtant et pourtant
Il faut bien que chacun la porte sur le dos,
Et même quand il dort, encore ce fardeau
Qui le fait soupirer au fond de son sommeil,
Sous une charge sans pareille!
Plus lourde que jamais, la Terre en temps de guerre,
Elle saigne en Europe et dans le Pacifique,
Nous l'entendons gémir sur nos épaules lasses
Poussant d'horribles cris
Qui dévorent l'espace.
Mais il faut la porter toujours un peu plus loin
Pour la faire passer d'aujourd'hui a démain.

Atlas

The Earth is so heavy to carry.
Each of us has a weight on our back –
the dead, with only two fingerstrips of land
the living, with the weight of the sphere.

Atlas, with your unbearable load,
we're your children!

There are so many of us, and only one Earth,
and yet – each of us surely has to take her weight.
And there's no rest.
We sigh, even in the depths of our sleep.

In wartime the Earth is heavier still,
bleeding into continents, dyeing the oceans red.
We hear her groaning on our weary shoulders.
Her terrible cries devour space.

But always we must carry her a little further
to ensure that she makes it from today to tomorrow.

Guerre et paix sur la terre

L'ennemi prenait tous les masques et se déguisait en n'importe quoi,
La belle journée, la moisson, le bouquet de roses
Devenaient soudain fous furieux et vous mordaient à mort dans une
    explosion,
Et l'on mourait tellement que la multitude se faisait de plus en plus
    souterraine.
Villes et villages savaient qu'ils pouvaient devenir cadavres
Avec autant d'empressement qu'un vivant peut faire un mort.
Les églises que la main rugueuse des siècles avait tant de fois caressées
Tombaient à terre tout d'un coup, frappées d'une attaque d'épilepsie,
    une seule, dont elles ne se relevaient qu'en poussière à tous les
    vents,
Et des chênes plusieurs fois centenaires traversaient l'air tout d'un coup
    comme des hirondelles en fuite.
La guerre changeait les joyaux les plus précieux en poudre sèche qui
    faisait tousser et cracher le sang.
Tout ce qui avait un corps sous le ciel se sentait devenir brouillard
Et chacun avait à la bouche le goût de ses propres cendres.
Mais un jour les hommes se chuchotèrent à l'oreille: «C'est la paix.»
Et cela parut si étrange qu'ils ne reconnaissaient plus le son de leur voix,
Puis le murmure s'élargit qui répétait: «C'est la paix» et cela battait l'air
    gauchement comme un claquement d'ailes de pigeons
Et sous tant de souffrance étagée le mot «victoire» avait disparu du
    vocabulaire des hommes,
Et peu à peu toute la terre encore fraîchement retournée par la mort et
    les blessés se mit à chanter: «C'est la paix» de son gosier enroué.
La charrette retrouve ses roues et le cheval ses pattes de devant et de
    derrière pour galoper,
Les arbres retrouvent leurs racines, dans la profondeur enfoncées et leur
    sève n'est plus terrorisée, elle reprend son cours jusqu'aux extrêmes
    ramilles.
L'église s'assure de son clocher jusqu'à sa pointe et ses assises cessent de
    discuter leurs chances de vivre, dans les soubassements.
Les moutons de la prairie rentrent dans leur laine et leur profonde
    stupidité comme aux temps immémoriaux,
Et la vache redonne un lait couleur de la paix revenue,

War and Peace on Earth

The enemy grabbed all the masks and disguised himself as
    anything he liked.
The lovely day, the harvest, a bunch of roses suddenly went mad,
    exploded, bit you to death.
So many of us died that the crowds thronged below the earth
    rather than above it.
Towns and villages knew they would turn into corpses with the
    speed that a living soul becomes a dead one.
The churches, which the rough hands of the centuries had caressed
    so often, fell to the ground suddenly as if in an epileptic fit –
    to rise again as dust on the wind.
The oaks, in their great antiquity, took to the air like a flight of
    swallows.
The war turned priceless jewels to dry powder causing everyone to
    cough and spit blood.
All those in possession of a body felt it turning to fog.
And each one tasted his own ashes in his mouth.
But one day people whispered to each other *Peace has come.*
And that seemed so strange they no longer recognised their own
    voices.
Then the murmur repeated itself over and over, beating the air
    awkwardly like pigeons' wings flapping.
Under all the layers of suffering the word 'victory' had disappeared
    from the language.
Gradually the whole earth, still freshly turned over by death and
    the wounded began to sing 'Peace has come' in a hoarse voice.
The cart found its wheels again and the horse its forelegs and hind
    legs for galloping.
The trees found their deeply buried roots, and their sap, no longer
    terrorised, started to flow to the furthest twigs.
The church checked its steeple, right to the tip, and its
    foundations stopped debating their chances of survival in the
    bedrock.
The sheep in the meadow disappeared into their wool and their
    profound dullness as they'd done throughout time,
And the cows once again gave milk fresh as the new peace.

La vie rentre de nouveau dans l'homme comme l'épée au fourreau,
Le sang ne cherche plus le sang droit devant lui, dans le ventre du
    prochain,
La face de l'ennemi ne luit plus toute proche comme un instrument
    de torture doué de l'usage de la parole
Et la cantate «C'est la paix» fait lentement le tour de la terre
Et les morts à la guerre pour ne pas arriver en retard à l'humble fête
    générale,
Descendent quatre à quatre leurs interminables escaliers
Et ils n'en finissent plus de descendre en courant dans le plus grand
    tumulte silencieux,
Eux tous frustrés de leur vie, gesticulant et bougonnant,
    réquisitionnent en nous une place en toute hâte
Pour voir, avec des yeux qui voient encore,
Le visage des vivants lorsque la paix est enfin revenue sur la terre.

Life is put back into the people like a sword into a sheath.
Blood no longer seeks out blood in a neighbour's stomach,
The enemies' face stops gleaming up close like an instrument of
    torture with the gift of speech
The cantata 'peace has come' echoes round the earth
And the war dead, so as not to be late for the humble public
    holiday
Race down the endless stairs
Rushing, slipping, falling
In a great silent tumult.
All those cheated of their lives gesticulating and grumbling,
    commandeering a place among us as quickly as they can
So they can see, with eyes still able to see,
The faces of the living when at last peace returns to the earth.

S'il n'était pas d'arbres à ma fenêtre

S'il n'était pas d'arbres à ma fenêtre
Pour venir voir jusqu'au profond de moi,
Depuis longtemps il aurait cessé d'être
Ce coeur offert à ses brûlantes lois.

Dans ce long saule ou ce cyprès profond
Qui me connaît et me plaint d'être au monde,
Mon moi posthume est là qui me regarde
Comprenant mal pourquoi je tarde et tarde...

The Trees Outside My Window

I'm thankful to the trees outside my window.
Only they can reach into the depth of me.
Without them, I should have died long ago –
they keep my heart alive, its eager ways.

In the long willow branches, the dark cypress
my own ghost hides, stares out at me,
knowing me so well, pitying me in this world.
So little understanding why I stay and stay.

* * *

Dans la forêt sans heures
On abat un grand arbre.
Un vide vertical
Tremble en forme de fût
Près du tronc étendu.

Cherchez, cherchez, oiseaux,
La place de vos nids
Dans ce haut souvenir
Tant qu'il murmure encore.

In the Forest

In the forest beyond time
a tall tree is cut down.
A lofty emptiness trembles
like a wound
near the horizontal trunk.

Fly this way, birds
and build your nests here
in this memory of height. Quickly,
while it is still murmuring.

Le malade

Trop grand le ciel trop grand je ne sais où me mettre
Trop profond l'océan point de place pour moi
Trop confuse la ville trop claire la campagne.
Je fais ciel, je fais eau, sable de toutes parts,
Ne suis-je pas encore accoutume à vivre
Suis-je un enfant boudeur qui ne veut plus jouer,
Oublié-je que si je tousse
Mes soixante-six ans tousseront avec moi
Et feront avec moi tousser mon univers.
Quand le matin je me réveille
Est-ce que je ne sors pas peu à peu tout entier
De l'an quatre-vingt-quatre, du siècle précédent
Où se font les vieillards?
Mais qui ose parler de vieillards alors que
Les mots le plus retors désarment sous ma plume,
Même le mot vieillard redoutable entre tous
Fait pivoter vers moi un tout neuf tournesol
Brillant comme un jeune homme.
Hache du désespoir taciturne en ma main
Tu te mets à chanter comme fait l'espérance.

The Sick Man

The sky's too big, don't know where to put myself.
The sea's too deep. Nowhere for me.
The town's too hectic, the countryside too serene.
I make my own sky, water, sand all around.
Haven't I got used to living yet?
I'm like a sulky child refusing to join in.
Am I forgetting that when I cough
the sixty-six years of my life cough with me,
making my world cough too?
When I wake in the morning
my entire self walks out of that year 1884
in the last century
when all the old men were made.
But who would dare mention old men
when the most devious words disarm,
and even the dreaded words 'old man',
make a totally new sunflower
with a young man's face
turn towards me.
And my pen, little axe
of silent despair,
begins to sing – like hope.

Chevaux sans cavaliers

Il était une fois une cavalerie
Longuement dispersée
Et les chevaux trempaient leur cou dans l'avenir
Pour demeurer vivants et toujours avancer.

Et dans leur sauvagerie ils galopaient sans fatigue.

Tout noirs et salués d'alarmes au passage
Ils couraient à l'envi, ou tournaient sur eux-mêmes,
Ne s'arrêtant que pour mourir
Changer de pas dans la poussière et repartir.

Et des poulains fièvreux rattrapaient les juments.

Il est tant de chevaux qui passèrent ici
Ne laissant derrière eux qu'un souvenir de bruit.
Je veux vous écouter, galops antérieurs,
D'une oreille précise,
Que mon coeur ancien batte dans ma clairière
Et que, pour l'écouter, mon coeur de maintenant
Étouffe tous ses mouvements
Et connaisse une mort ivre d'être éphémère.

Riderless Horses

Once there was a cavalry troop,
long dispersed.
The horses would soak their necks in the future
to stay alive so they could gallop on and on.

They were wild and tireless.

Sleek black, alarming,
they'd run in all directions,
spin round in circles,
stopping only to die,
change pace in the dust, and start again.

The feverish colts would catch up with the mares.

So many horses once passed this way
and nothing is left of them
but the beating of their hooves.

Let me listen for the hoof beats of my past –
my former heart beating in its glade.
And let the heart I'm stuck with now,
give way, drunk – with the brevity of life.

*   *   *

À moi-même quand je serai posthume

Tu mourus de pansympathie,
Une maligne maladie.

Te voici couché sous l'herbette
– Oui, pas de marbre, du gazon,
Du simple gazon de saison,
Quelques abeilles, pas d'Hymette. –
On dit que tout s'est bien passé
Et que te voilà trépassé...
Ces messieurs des Ombres Funèbres
Vers le fond fumeux des ténèbres
Te guidèrent d'un index sûr
Mais couronné d'un ongle impur.
Et c'est ainsi que l'on vous gomme
De la longue liste des hommes...
Horizontal, sans horizon,
Sans désir et point désirable,
Tu dors enfin d'un sommeil stable.
– Ah! Dans l'eau faire un petit rond!

– Tu mourus de pansympathie,
Une maligne maladie.

To My Posthumous Self

You died from love of the world,
that terminal illness.

Here you are, lying under the turf,
not a marble headstone
but the simple summer grass.
A few bees fly past –
not from Hymettus.

They say that all has turned out well
and that you're here, dead...

Those gentlemen, the Funeral Shades,
beckoned you with their sure hands,
their dirty fingernails –
and that was how they erased you
from that perpetual line,
the human race.

At last you sleep, never
to awaken, horizontal
but with no horizon.

Undesirable, and desiring nobody.
Sound asleep at last. But oh,
to make a ripple,
a little circle in a lake.

You died from love of the world,
that terminal illness.

Hommage à la Vie

C'est beau d'avoir élu
Domicile vivant
Et de loger le temps
Dans un coeur continu,
Et d'avoir vu ses mains
Se poser sur le monde
Comme sur une pomme
Dans un petit jardin,
D'avoir aimé la terre,
La lune et le soleil,
Comme des familiers
Qui n'ont pas leurs pareils,
Et d'avoir confié
Le monde à sa mémoire
Comme un clair cavalier
À sa monture noire,
D'avoir donné visage
À ces mots: femme, enfants,
Et servi de rivage
À d'errants continents,
Et d'avoir atteint l'âme
À petits coups de rame
Pour ne l'effaroucher
D'une brusque approchée.
C'est beau d'avoir connu
L'ombre sous le feuillage
Et d'avoir senti l'âge
Ramper sur le corps nu,
Accompagné la peine
Du sang noir dans nos veines
Et doré son silence
De l'étoile Patience,
Et d'avoir tous ces mots
Qui bougent dans la tête,
De choisir les moins beaux
Pour leur faire un peu fête,

To Life

It's good to have chosen
a living home,
to have found a place for time
in a beating heart,
to have seen my hands
cupping the world
as if it were an apple
in a small back garden,
to have loved the earth,
the sun and moon
as intimate friends,
and to have trusted
the world to memory
as a bright horseman
trusts his black horse,
to have put faces to words:
wife, children,
to have been a shore
to wandering continents,
to have rowed to the soul
with gentle strokes,
fearing to scare it
with a sudden approach.
It's good to have known
the shade of leaves,
to have felt age
creep over a bare body,
watch over the struggle
of the darkness in our veins,
gilding its silence
with the star of Patience,
and to have all these restless
words in my head,
to choose the least beautiful
and make them special,
to have tasted life,

D'avoir senti la vie
Hâtive et mal aimée,
De l'avoir enfermée
Dans cette poésie.

brief and ill-loved,
to have wrapped it up
in a poem like this.